Das Universum wird antworten – in den schönsten aller Farben

Sandra Mularczyk

Das Universum wird antworten- in den schönsten aller Farben

Sandra Mularczyk

Impressum

Texte:	2023© Copyright by Sandra Mularczyk
Bilder:	© Copyright by Sandra Mularczyk, Pixabay
Umschlag:	© Copyright by Sandra Mularczyk
Verlag:	Sandra Mularczyk
	Bochum
	ichschenkemichderwelt@gmail.com
	tiefsinnigesinnenleben.wordpress.com
Druck:	2023 epubli-ein Service der neopubli, Berlin

Universum, ich bin fassungslos!

Betreff: WAS IST HIER NUR LOS?

Liebes Universum,

was ist hier nur los? Was soll das? Habe ich das wirklich verdient? Welches Päckchen bekomme ich da geliefert, bin ich wirklich diejenige, die DAS empfangen soll? Wer ist der Sender dieser Lieferung? Dieser unverschämten, grottigen, unwürdigenden, menschenverachtenden Lieferung? Und muss ich wirklich alle Pakete, die mir vor die Füße geknallt werden, annehmen? Habe ich das *wirklich verdient? NEIN! Ich sage LAUT und DEUTLICH **NEIN!!!***

Betreff: Falsche Adresse

Liebes Universum,

mir wurde etwas geliefert, eine solche Wucht, die mich total und beinahe komplett "umgehauen" hat. Eine Wucht, die mir damals ALLES genommen hätte, jede Hoffnung, jeglichen Lebenswillen, jeglichen Glauben an das Gute im Menschen und im Mensch sein. Ich bin wahrlich schockiert. Ich habe Angst. Wenn ich DAS gespiegelt bekomme, heißt das, **ICH BIN DAS?** Wenn ich etwas so Gruseliges bin, dann bekomme ich das Kotzen und möchte mich in Sekunden in Luft auflösen, aber ich bin es nicht. "Ich bin die Liebe, ich bin und bleibe die

Liebe und wenn der Empfänger dieser Botschaft der Hass ist, schließe ich hiermit die Tür."

Hass, du bleibst draußen!!!

Betreff: Ich muss nicht alles und jeden willkommen heißen

Liebes Universum,

ich muss nicht alles und jeden willkommen heißen und ich muss mich auch nicht um jedes Paket, das mir geliefert wird, kümmern. Aber muss ich mich wehren? Auch dazu fehlt mir die Kraft. Mein Körper ist absolut durch, er ist erschöpft, müde, ausgelaugt von einem Kampf, den man nicht überleben kann. Liebes Universum, liebe geistigen Helfer, bitte schickt mir all das, was ich brauche, um gesund und glücklich zu sein und nicht erst irgendwann, sondern JETZT. Ich möchte nicht mehr kämpfen, weder für etwas noch gegen etwas. Ich möchte aber auch nicht mehr in Schlachtfeldern sein, die ich nicht kreiert habe. "DU hast gemacht!", heißt es dort und das in einer Inbrunst, die mir das Blut in den Adern gefrieren lässt. Ich als ultra ehrlicher Mensch, lasse natürlich sofort den Scanner in mir laufen. *Check. Nicht meins. Nicht meins. Ich habe nichts getan.* Ich war menschlich, nicht perfekt, durcheinander, an der einen Stelle massivst überfordert, als ich merkte, dass jemand etwas *von mir* haben möchte, dass ich ihm gerade nicht geben kann. Trauer. Ohnmacht. Überforderung. Und plötzlich spüre ich deutlicher denn je: DA IST WAS und das ist nicht von mir, es ist nicht meins. Da ist etwas, das mir entgegen geschleudert wird. Der Andere hat Träume, die platzen, weil ich sie nicht erfülle und plötzlich bekomme ich all das, was ich keinem Menschen auf dieser Welt wünsche: Eine solche Verachtung, die absolut menschenunwürdig ist. Ich leugne nicht meine Päckchen, meine kleinen und großen Ungerechtigkeiten, meine Widerstände, ja, meinen Groll, mein Misstrauen, meine Skepsis, aber DAS ist nicht mehr meins. **DIESEN HUT ZIEHE ICH MIR NICHT MEHR AN!**

Betreff: Ich lerne, NEIN zu sagen

Liebes Universum,

ich lerne "Nein" zu sagen und solange ich die spirituelle Kompenente spüre, die mögliche Wachstumsaufgabe, kann ich dem Universum und dem Sender dieses Paketes *danken*. Danke, dass du mir dabei hilfst, immer mehr zu mir und meiner Wesenhaftigkeit zu stehen. Danke, dass du mir hilfst, JA und NEIN immer deutlicher unterscheiden zu können.

DAS *möchte ich.*

DAS *möchte ich nicht.*

Nicht mehr und nicht weniger.

Auf der Ebene, wo ich nur ein kleines Menschlein bin, bin ich in Mark und Bein erschüttert und weiß nicht, wie ich je wieder vertrauen soll. Der Beginn von neuem Groll, von neuer Verachtung, Ablehnung dem Leben gegenüber? Ohne Vertrauen keine Basis, aber mein Vertrauen ist tatsächlich *erschüttert*. Ich bin massivst enttäuscht, vor allem aber bin ich traurig und wütend und habe große Angst. Ich fühle mich wie gelähmt. *Warum jetzt? Warum so? Warum?*

Betreff: Du entscheidest dich für den Teufel, doch helfen kann dir nur die Liebe

Liebes Universum,

wieso jetzt? Ausgerechnet jetzt, wo wir uns so viel aufgebaut haben, setzt du alles aufs Spiel, unsere Liebe, unser Vertrauen, unser Miteinander, unsere Pläne für die Zukunft. Ich bin wirklich traurig und weiß nicht, wie und ob das wieder heilen kann. *Das tut mir nicht gut*. Das macht mich krank. Das ist ungesund für meinen Körper und meine Seele. Das vergiftet unsere Beziehung. Wenn du das möchtest, werde ich die Konsequenzen ziehen müssen. Wenn du mitten im Paradies mit Bomben um dich werfen möchtest, die alles zerstören, werde ich mich von dir entfernen müssen. Ich werde in keinem Kriegsgebiet bleiben. Dafür ist mir mein Leben zu wertvoll, zu kostbar.

Betreff: Du machst mich zum Opfer und zum Täter zugleich

Liebes Universum,

ich bin wirklich traurig und ich weiß nicht weiter. Mir fällt nichts ein, was ich gerade tun kann, außer dieses Buch zu schreiben, so ruhig we möglich zu bleiben und dieser inneren Stimme in mir zu lauschen und zu vertrauen. *"Ich bin und bleibe Liebe, egal, was passiert, ich bin und bleibe Liebe!"*
Und dann sehe ich Horrorszenarien vor meinen

Augen aufblitzen, habe Angst, dass dir etwas geschieht, dass du dir etwas antust und ich die Schuld-Karte zugeschoben bekomme. Für immer. Von mir selbst. Verurteilt von dem schrecklichsten Satz aller Zeiten: "Schau, was du wieder angerichtet hast!"

Der Satz, der mir sagt, dass ich ein Monster bin. Der Satz mit bitterbösen, verachtenden Augen. Der Satz, der mit allen Fingern auf mich zeigt.

Betreff: Sei nicht so "hart" zu mir

Liebes Universum,

bitte sei nicht so hart zu mir. Auch ich versuche und lerne, immer milder mit mir zu sein, mich anzunehmen, wie ich bin und mir nichts mehr einreden zu lassen, was UNWAHR ist. Ich sage Nein zu allem UNWAHREN. Nein, ich meine es ernst: Bitte, liebes Universum, ich lerne und wachse freiwillig. Bitte zwinge mich nie mehr, in einer solchen Härte und Brutalität, vom Leben lernen zu müssen. Ich bin wirklich motiviert zu lernen und zu wachsen und *hier, genau hier* liegt mein Thema, nicht deins. Hier bin ich nahe an meiner Wunde dran. Nicht an deiner. Hier ist alles kalt und grau und gefühlsarm. Hier wird man *alleine gelassen* in seiner größten Not. Hier bekommt man die schlimmsten aller Strafen, hier ist die Hölle. Glaube ich immer noch an sie? An die Hölle auf Erden?

Betreff: "Bitte tu mir nichts!"

Liebes Universum,

bitte tu mir nichts, sagt das Kind in mir und schaut voller Panik. Das Kind, das vom Schlimmsten ausgeht und das Schlimmste bekommt. Dieses Kind hat gerade Angst vor allen Geräuschen, vor potentiellen Schritten, die näher kommen, vor Gefahren, vor denen es sich nicht wehren kann. Ich möchte dieses Kind in mir, das noch nie Schutz erfahren hat, schützen. Nicht vor dir oder vor sonstwem, sondern vor *dem Bösen*, dem UNWAHREN. Ich möchte das Kind beschützen und doch merke ich, wie ich immer unruhiger werde. Mir wird kalt. Wärme wäre notwendig, Flüssigkeit. Wasser. Wasser zum Überleben. Wasser zum Leben. Wasser für die Liebe. Weil Wasser alles heilt. Wasser fließt.

Betreff: Bitte verzeih mir!

Liebes Universum,

"Bitte verzeih mir", höre ich eine Stimme in mir sagen.
"Bitte verzeih mir, wenn ich nicht für dich da sein kann, wenn du mich brauchst. Wenn ich deine Liebe gerade nicht erwidern kann, deine Träume nicht beantworten kann. Das liegt nicht daran, dass ich dich nicht liebe oder weil du irgendetwas falsch gemacht hast, das liegt daran, dass ich ein Mensch bin und dass Menschen *Fehler machen*. Ich möchte mich von diesem so genannten Fehler machen

verabschieden. In Wirklichkeit macht niemand etwas falsch, in Wirklichkeit sind wir alle Menschen, Menschen in einer gottverdammten Dualität, die es uns weiß Gott nicht leicht macht, Mensch zu sein. Ich kann nicht alle deine Träume erfüllen, so wie du nicht allen meinen Herzenswünschen entsprechen kannst. Ich brauche Milde, Gnade, was ich aber bekomme, ist eine Härte, eine so heftige Härte. STOPP. Ich weiß, das ist *meins*. Wo bin ich noch *hart* zu mir? Wo darf ich noch mehr loslassen, sanfter, milder, liebevoller sein? Nicht mit mehr Anstrengung, sondern mit weniger Anstrengung, aber dafür mit Wertschätzung und Respekt. Ich fordere Respekt ein, von dir, von mir, vom Leben. Ich werde mich mit niemandem mehr abgeben, der mich nicht respektiert, dann kann ich mir auch verzeihen. Wenn ich mir selbst wieder mit Würde begegne. Oft schien es so, als hätte ich all meine Würde verloren. Wenn du oder wer auch immer mich zum Opfer und Täter zugleich macht, ja, vermutlich und vor allem auch, wenn ich mich zum Opfer und Täter zugleich mache, wenn ich es selbst mache und mit mir *machen lasse*, dann kommt diese Abscheu und mit ihr das Gefühl, mir nie und nimmer vergeben zu können. Aber ich möchte mir (und dir?!) und dem Leben vergeben. Ich möchte mir und dem Leben vertrauen, deswegen hole ich mir meine Würde zurück.

Betreff: Ich habe ein Recht auf RESPEKT

Liebes Universum,

ich bin eine gestandene Frau und ich habe den vollsten Respekt *verdient*. Nicht für meine harte Arbeit, sondern für mein *So Sein*. Jeder Mensch hat Respekt verdient. Ich möchte Menschen mit Respekt begegnen und ich möchte, dass sie mir mit Respekt begegnen. Nicht in Form eines Tauschgeschäftes, einfach, weil es sich "so gehört". Ja, auch ich spreche in allgemeingültigen Floskeln. *Gehört sich so.*

Macht MAN so. Muss man.

Aber in Wirklichkeit meine ich eine andere Art des "Gehört sich so". Kein richterliches, aufzwingendes Irgendwas... Ich meine Herzensenergie. In der Sprache des Herzens, in der Kraft der Liebe gibt es Gesetze, universelle Gesetze und an diese glaube ich. Ich glaube an die Kraft der Liebe und ich glaube an Respekt und Menschenwürde, die nichts mit Machtverhältnissen und Hierarchien zu tun hat.

Betreff: Mir selbst mit Respekt begegnen

Liebes Universum,

ist es DAS? Habe ich den Respekt vor mir selbst verloren? Vor meiner inneren und wahrhaftigen Autorität und bin ich gerade vielleicht wieder dabei, diese aufzubauen? Vielleicht spüren das meine Mitmenschen und vielleicht bekomme ich deswegen immer mehr Respekt, Wertschätzung und Wohlwollen für mein *Sosein*. Ich bekomme es einerseits, andererseits werden die "so genannten Angriffe" wieder härter, versteckter, brutaler. Sie tarnen sich, aber sie erwischen mich. Mitten ins Herz.

Betreff: Da sind Tränen, die laufen

Liebes Universum,

da sind Tränen, die laufen,

laufen, laufen, laufen,

Tränen, die laufen über

mein Gesicht.

Ich möchte keine Liebe mehr, die fordert und nimmt und angreift, wenn sie nicht bekommt, was sie möchte. Das ist keine wahre Liebe.

Das ist Erpressung.

*Wenn DU mir gibst, was ich JETZT gerade **VON DIR** brauche, DANN, aber nur dann bin ich nett zu dir, aber wehe, du verhältst dich anders, als es meinen tiefsten Wunschvorstellungen entspricht. Dann werde ich dich hassen, dafür, dass du meine Träume zerstörst...*

Das ist keine Liebe. Das ist Hass. Das ist *Nehmen* und *Haben wollen* und es ist **kindlich**. Es ist unglaublich kindlich, dem Anderen in die Arme zu fallen, wenn er einem den Lieblingsteddy schenkt und ihn zu verachten und Türen zu knallen oder sich auf den Boden zu werfen, wenn Mami oder Papi einem nicht sofort die Lieblingsschokolade an der Kasse kaufen. Das ist Erpressung. Das ist *nicht* *aushalten können*, wenn man nicht bekommt, was man braucht, was man sich ersehnt. Ich habe es gespürt. Ich habe gespürt, wie sehr du etwas wolltest und ich möchte nicht leugnen, dass irgendetwas an diesem Sehnen aufrichtig war, aber ich kann auch nicht leugnen, dass etwas Bestimmtes *nicht stimmte*. Es war der Klang in deiner Stimme, sie war so anders. Ja, ich habe Unehrlichkeit in ihr gespürt. Ich hätte dir so gerne geglaubt und dein Sehnen erwidert. Aber das, wonach du dich gesehnt hast, war bei mir gerade *nicht zu* **HOLEN**, nicht mehr und nicht weniger. Und das bisschen Sehnen, das echt war, das deiner wahren Herzensenergie entspringt, das konnte ich leider auch nicht erwidern und das sehr zu meinem Bedauern, aber ich war einfach müde, erschöpft. Ich war *wirklich* nicht bösartig, ich konnte dir nur gerade *nichts geben*. Aber du wolltest etwas und das so dringend und drängend, dass es mich total erschrocken hat.

Betreff: Wenn jemand etwas "von mir WILL"

Liebes Universum,

das ist MEINS, das weiß ich. Wenn ich jemanden nicht geben kann, was er sich ersehnt, erhofft oder sonstwas, bekomme ich es mit der Angst zu tun. Ich habe keine guten Erfahrungen damit gemacht, ganz im Gegenteil. Ich habe genau das erlebt wie heute. Jemand liebt mich (angeblich) so sehr, aber sobald ich nicht so reagiere, wie es seiner Wunschvorstellung entspricht, verwandelt er sich in ein Ungeheuer, das im wahrsten Sinne des Wortes um sich schlägt.

Du hast mich nicht geschlagen, nicht mit deinen Händen, aber mit deinen Worten, deinen Blicken und Schuldzuweisungen, deinen Lügen, deinen Paketen, die du mir vor die Füße geknallt hast. *Das* und es tut mir Leid das sagen zu müssen, **das ist keine Liebe.** Ich möchte nicht hochnäsig klingen und schon gar nicht möchte ich mich von so etwas freisprechen, auch ich bin Mensch, auch ich will Dinge, auch ich reagiere nicht immer fair und vernünftig und so weiter, aber *ich liebe* und das in jedem einzelnen Moment und es tut mir weh, wenn ich mitten in meine größte Liebe hinein gehasst werde.

Betreff: Ich liebe dich!

Liebes Universum,

denn ich liebe dich auch dann, wenn du am Boden bist, wenn du mir nicht geben kannst, was ich brauche, gerade dann liebe ich dich. Weil du es in diesem Augenblick am Meisten brauchst. Auch ich als Menschlein brauche die größte Liebe, wenn *ich am Boden bin*, wenn ich *nicht mehr kann*, wenn ich *zittere* und *weine* und *mich fürchte*. Wenn ich erschöpft bin und *nicht mehr richtig funktioniere*. Ich verzeihe dir, dass du das noch nicht kannst. Mich dort zu lieben und wertzuschätzen und zu ehren. Aber erst dort beginnt wahre Liebe und für diese entscheide ich mich hiermit.

Betreff: Ich entscheide mich für wahre Liebe

Liebes Universum,

ich möchte keine unwahre Liebe mehr, auch wenn sie sich auf den ersten Blick schön anfühlen mag. Ich möchte nur noch **echte Liebe.** Deine Liebe und nicht die Liebe eines verletzten Kindes, das sich mit Gewalt von mir holen möchte, was es damals nicht bekommen hat. Versteh mich bitte nicht falsch. Du bekommst alles, was du brauchst und ich werde dir alles geben, aber freiwillig, von Herzen, nicht, weil du es verlangst und mich, ohne es zu merken, zu erpressen, versuchst. Du bekommst es wirklich. Ich gebe dir alle Liebe, die du brauchst, aber ich kann dich nicht zwingen, sie anzunehmen. Genauso wenig wie du mich zwingen kannst, so zu sein, wie du es brauchst, damit es dir nicht weh tut, kann ich dich nicht zwingen, die Geschenke des Leben, die überall auf dich warten, anzunehmen. Es ist deine Entscheidung und leider entscheidest du dich noch immer für *den Tod* im Momenten, wo das pure, authentische Leben und Lieben auf dich wartet.

Engel, du wirst geliebt, du bist ein Engel auf Erden, nimm diese Aufgabe an!

Betreff: Was hast du nur Schlimmes erlebt?

Lieber wütender Mensch,

was hast nur Schlimmes erlebt, wenn du immer noch glaubst, Gewalt sei die einzige Lösung? Wenn du immer noch glaubst, du müsstest Feinde bekämpfen, die nicht existieren? Vor dir steht ein Freund und du schaust aus Augen, die sagen, dass ein Ungeheuer vor dir steht. Ich weiß, auch ich schaue mit angsterfüllten Augen, aber ich gebe es dir nicht. Ich weiß, wie schwer ich traumatisiert bin, ich glaub, du bist dir des

Ausmaßes noch gar nicht bewusst, aber *ich gebe es dir nicht.* Vielleicht manchmal, ausversehen, aber sobald ich es merke, nehme ich es zurück zu mir. Mein Betteln und Flehen ist das eines kleinen traumatisierten Mädchens, aber während ich bettle und flehe, bin ich ehrlich und aufrichtig, denn das was ich mir in solchen Augenblicken erhoffe und ersehne, entspringt nicht meiner Wunde, es entspringt meiner Essenz.

Betreff: Alles, was nicht Liebe ist, TUT WEH

Liebes wütende Menschenkind,

mein Flehen, auch in Momenten tiefster Retraumatisierung, entspringt nur einem einzigen Wunsch: Der Herstellung von Liebe. *Es gibt nichts, was keine Liebe ist,* sagst du gerade Universum. Gut, dann täusche ich mich vielleicht, wenn ich sage, wenn mein kleines Ich sagt, die Liebe sei weg, in dem Moment, wo die Augen auf solch grauenhafte Art und Weise gucken. Da muss ich prompt an das Buch denken: "Das Mädchen mit dem Herz in der Hand". Ein Mädchen, das mit etwas herumläuft, dass alle Menschen so sehr brauchen und sich ersehnen, doch wenn es da ist, schubsen sie es weg, wollen sie es nicht haben. Sie wollen *die Liebe* nicht haben und das Mädchen denkt: *Sie wollen MICH nicht haben.*

Betreff: Ich bin erschöpft

Liebes Universum,

jetzt sitze ich hier und weiß nicht weiter. Draußen auf dem Balkon, schien es mir *besser zu gehen*. Die Luft hat mir geholfen, die Frische, aber mir wurde auch zu kalt. Ich sehnte mich nach Wärme, Geborgenheit, einer Höhle. Immer mehr drängt sich *die Realität* auf, vor der ich so eine große Angst habe, aber ich möchte der Angst nicht mehr die Macht über mein Leben geben. Ich möchte auch der Ruhe in mir vertrauen, dem Vertrauen. Kann man *dem* **Vertrauen** *vertrauen?* Ich weiß es nicht, ich weiß nur, dass gerade irgendetwas ansteht. Das merke ich daran, wenn ich unruhiger werde. Da sind Fantasien. Wie ich die Wohnung verlasse und stundenlang Zug fahre, wie ich verreise an einen anderen Ort, mich entferne von dem Ort, an dem die Bombe wie aus dem Nichts explodierte... Weg von dem, was mich so doll erschreckt hat. Dann sind da Gedanken, wie ich Freunde anschreibe, um Hilfe bitte, sie zumindest informiere über die große Not, in der ich stecke, sie vorbereite, damit sie und ich gewappnet sind, falls ich morgen oder in den nächsten Stunden "Rettung brauche". Ich weiß ja nicht, was passiert. All diese Szenerien entspringen der Angst, dem mangelnden Vertrauen, dass alles *gut wird*, dass **alles GUT ist.** Ich weiß, einerseits sollen mich diese Szenarien auch daran erinnern, dass es Freunde und Helfer geben könnte, dass ich nicht alleine bin, aber darum geht es gerade nicht. Ich spüre, dass mein Inneres mir zig Dinge liefert, damit ich mich an ihnen festklammern kann, ja, Strohhalme, nach denen ich greifen kann.

Betreff: Ich entscheide mich für ein schönes Leben

Liebes Universum,

auch wenn es sich gerade anders anfühlt, auch wenn es gerade anders aussieht, so möchte ich nicht nur an ein schönes und ruhiges und stabiles Leben glauben, ich möchte mich sogar dafür entscheiden. Ich möchte mir keine Not-Rettungs-Szenerie ausdenken, das ist mir gerade zu mühsam. Ich möchte mich weder in Lieder noch zu Personen noch an Orte flüchten, wo es harmonischer und liebevoller sein könnte. All diese Bilder sind *gut gemeint*, aber sie lenken mich gerade von dem ab, was wirklich ist. Sie holen mich weg **vom Lauschen** und das ist doch meine Lebensaufgabe: So still werden, dass ich wieder alles hören kann.

Betreff: Lauschen

Liebes Universum,

ein Bild entstand nicht aus Not. In einem Bild war ich erwachsen und souverän und auf Reisen UND ich grenzte mich ab vor etwas, das mir Unheil bringt, das mir nicht gut tat. Ich floh nicht vor dir, aber ich ging zu mir und dafür musste ich gehen, fort von dir und fort von deinem Verlangen, dich an etwas oder jemanden rächen zu wollen. Es ist okay, dass du wütend bist, aber es ist nicht okay, dass du es leugnest. Ja, damit hatte ich schon immer die größten Schwierigkeiten. Wenn

Menschen etwas leugneten, wenn sie logen und die Wahrheit nicht sehen wollten. Ich kriege die Parallele doch mit. Zwei Eskalationen innerhalb von zwei Wochen, immer nach Elternkontakt. Es macht mich wirklich traurig und wütend, was du mir immer noch andichtest und mit was für einem Ton du dann von meinen *gut gemeinten* Gestaltungsversuchen sprichst. Ich versuche etwas zu gestalten, zu kreeiren, mit all meiner Liebe und Hingabe versuche ich etwas zu "basteln", das uns helfen könnte, es ist keineswegs perfekt, aber es kommt vom Herzen.

UNIVERSUM, ich brauche Trost und Hilfe

Betreff: Ich pflege unseren
"Beziehungs-GARTEN"

Liebes

Universum,

ich versuche unseren gemeinsamen Garten zu pflegen und zu gießen, vor allem stecke ich viel Kraft, Zeit und Hingabe in einen guten Boden, eben damit alles gut wachsen und gedeihen kann. Ich gebe mir wirklich Mühe, auch wenn vielleicht *genau das* das Problem ist. Ich investiere etwas in unseren Garten, weil er mir wichtig ist und du trampelst einfach drüber und sagst immer wieder, wie egal es dir ist, was ich für uns eingepflanzt habe, wie egal es dir ist, was da alles kaputt gehen kann und kaputt geht... Ich bitte nicht darum, dass du perfekt bist, aber ich bitte um einen sorgsamen, achtsamen und respektvollen Umgang diesem Boden gegenüber, meiner Arbeit gegenüber. Was ich gebe und investiere ist *unsichtbar* und nicht auf den ersten Blick zu erkennen, so wie man deine Taten und deine Pflege jeglicher Lebens-Gärten mit den Augen sehen kann, aber deswegen ist mein Einsatz nicht weniger wertvoll. Ich versuche deine Taten und dich und deine Fähigkeiten zu achten, sorgsam mit dem umzugehen, was du für dich und für uns erschaffst, dasselbe wünsche ich mir von dir und wenn du mir das *nicht geben* kannst, ich meine, wir sind hier ja auch in keinem Tauschgeschäft, wo der Eine der Anderen dringend etwas *geben müsste,* dann werde ich wohl lernen müssen, mir *all dies SELBST* zu *geben.*

Betreff: Respekt "dem Boden" gegenüber

Liebes Universum,

wenn ich mit Liebe und Sorgfalt einen Boden kreiere, der zwar nicht perfekt ist, ich bin schließlich noch nicht lange Beziehungs-Gärtnerin, der aber mit Herz gemacht ist, lasse ich nicht mehr zu, dass auf diesem *rumgetrampelt* wird. Ich sage Nein danke. Du schaust nicht in den Spiegel, wenn du *so* bist. Hast du Angst darin etwas zu erkennen, dass... Du würdest wie ein Kartenhaus in dir zusammenfallen... Alle Härte würde von dir weichen und du würdest weich und labbrig wie Gummi werden. Deine Beine und Füße könnten dich nicht mehr halten, der Schmerz wäre unerträglich, aber dann würdest du Heilung erfahren und von Mal zu Mal würde es *weniger* werden, nicht *mehr*. Jetzt wird es mehr und mehr. Weil du vor diesem Blick davon läufst. Du hast panische Angst vor Menschen, die auf dich einreden und hast gar nicht gemerkt, dass du selbst genau dieser Mensch geworden bist. Der auf Menschen einredet, bis sie nicht mehr können, bis sie ihre eigene Wahrheit aufgeben müssen, bis sie sich opfern müssen. Sie müssen zu deiner Wahrheit werden, deiner Kreation, von dem, was sie in Wahrheit sind, bleibt nichts übrig und glaub mir, du weißt selbst, dass es nichts Vernichtenderes gibt...

Betreff: Hilflos ausgeliefert

Liebes Universum,

so wie du dem als Kind hilflos ausgeliefert warst, dich selbst opfern musstest, verlangst du nun unbewusst von deinem Gegenüber, sich ebenfalls zu opfern, sich ganz aufzugeben, um nur noch Teil deiner Projektion zu werden. Heil und Erlösung gibt es nur dann, wenn man sich selbst aufgibt, wenn man aufhört an seine eigene Wahrheit zu glauben... Ich liebe dich, Schatz, aber du weißt aus eigener Erfahrung, wie giftig und dermaßen schädlich das ist, ich werde mich dem nicht mehr "ausliefern". Ich werde mich nicht mehr zum Opfer oder Täter oder beides zugleich machen lassen. Weder von dir noch von sonst wem.

Betreff: Ich bin wirklich wütend

Liebes Universum,

weißt du, ich bin wirklich wütend und enttäuscht. Ich bin wütend auf dich und wütend auf mich, weil ich *das* mit mir machen lasse. Ich möchte, dass du dein wahres Gesicht zeigst. Damit meine ich, dass du dich nicht mehr vor anderen Menschen als mein Retter aufspielen sollst, wenn du still und heimlich im vertrauten Kämmerlein *solche Spiele mit mir spielst*. Ich weiß, dass dir all das wahrscheinlich unbewusst ist, aber das ändert nichts an deiner fehlenden Bereitschaft, **DORT**, genau dort, hinzusehen, dort, wo es am Meisten schmerzt. Natürlich hast du Angst und natürlich werde ich dich in deiner größten Angst halten und lieben, auch wenn es dir den Boden unter den Füßen wegziehen sollte, aber dann würdest du wenigstens zittern und dann würdest du heilen. Jetzt aber betäubst du all das und wenn es angepiekst wird von irgendwem, vor allem von mir, rastest du auf eine Art und Weise aus, die ich nicht mehr dulde.

Leonie.

Charly.

Ich glaube dir. Ich glaube euch. JETZT seit ihr wieder vereint.

Betreff: Ich dulde respektloses Verhalten nicht mehr

Liebes Universum,

ich dulde einen *solchen Umgang* nicht mehr. Weder mir gegenüber noch Anderen gegenüber noch dir gegenüber. Es macht mich traurig, sehen zu müssen, wie du *dort an diesem dunklen Ort*, mit dir selbst umgehst. Statt dir das Leben zu schenken, schenkst du dir den Tod, die Qual, die Rache, eine Endlosschleife statt Liebe und Vergebung und Heilung. Ich weiß wirklich nicht, ob ich dir vergeben kann, aber ich würde dich gerne trösten. *Genau dort,* wo du dich so schrecklich ungeliebt und ungesehen fühlst. So gerne würde ich dich *genau dort* trösten und lieben und halten und bestimmt könnte ich dir dann auch viel besser vergeben. Wenn du in meinen Armen weich werden würdest. Ehrlich. Du. Denn wahren Menschen kann man alles vergeben, wahren und wahrhaftigen Menschen kann ich alles vergeben, aber mit Lügen habe ich nach wie vor meine Probleme und Lügen kann ich auch weder bemuttern noch trösten geschweige denn lieben oder unterstützen.

Betreff: Ich sage Nein zu deinen Lügen

Liebes Universum,

dich als Mensch kann ich natürlich mit allem lieben, Liebe schließt schließlich nichts aus, sie umfasst alles, ich kann dich lieben mit diesen Lügen, Unbewusstheiten, Unwahrheiten, aber die Lügen selbst. Sie kann ich nicht lieben. Jetzt gerade habe ich absolute Panik. Ich höre Schritte und habe Angst, dass da jemand mit einem Messer kommt und mitten in mein Herz sticht, nein, ich habe Angst, dass da Hände kommen, die mir die Hand auf den Mund legen und versuchen mich zu erwürgen...

Ich habe so etwas erlebt. Ich weiß nicht wann, ich weiß nicht wo, aber ich habe es erlebt und ich habe Angst und auch hier fordere ich Respekt ein, keine Rettung, nur Respekt. Wenn ich sage: "Bitte tu mir nichts" meine ich genau das: Bitte tu mir nichts. Weil mir Schreckliches angetan wurde. Ich weiß nicht wann, ich weiß nicht von wem, aber es ist geschehen. Dann zu sagen, es sei dir gleichgültig, du würdest einfach genauso weitermachen und mich für diese Angst, die ich dir offenbare, so massivst verurteilen, sorry, aber ein solcher Mensch hat meine Liebe und meinen Respekt und vor allem meine Ehrlichkeit nicht verdient. Es ist egal, wer mir das angetan hat, es geht darum, dass ich Angst habe.

Betreff: Ich habe Angst

Liebes Universum,

einem Menschen, der Angst hat, reicht man seine Hand. Man sagt ihm, dass nichts Schlimmes passieren wird. Man nimmt ihn an die Hand und zeigt ihm, dass in der Wohnung und auch unterm Bett keine bösen Monster lauern. *Man muss all dies nicht tun, aber man tut es automatisch, wenn man liebt.* Wenn man weiß, was Güte ist. Ich wünsche dir Milde. Etwas, das mir einmal mit auf den Weg gegeben wurde, wünsche ich auch dir: Güte. Herzensgüte. Du bist ein herzensguter Mensch, das weiß ich, dennoch wünsche ich dir

Güte und Milde: Mit dir, dem Leben und anderen Menschen. Und vielleicht auch eines Tages mit mir, wenn du dich ehrlich und wahrhaftig für eine gemeinsame Zukunft entscheidest.

Ich werde erwachsen...

Betreff: Die Entscheidung steht an

Liebes Universum, Liebling, Hase, Goldstern,

die Entscheidung steht an. Manchmal, nein, jetzt gerade und gerade eben habe ich immer wieder die Fantasie, fortzugehen von dir und dir nur diese Worte da zu lassen. Dich alleine zu lassen, damit du dich auf dich besinnen kannst und Zeit und Raum hast, diese eine Entscheidung zu treffen. Ich werde nicht wirklich gehen, ich möchte nicht gehen, ich möchte bleiben, es ist mehr ein symbolisches

Gehen. Ein Gehen, ein Loslassen von etwas Verkrampftem, damit Raum entstehen kann. Raum für ehrliche und wahrhaftige Entscheidungen. Du hast schon viele Entscheidungen getroffen, größere und kleinere, aber diese eine Entscheidung fehlt noch.

Betreff: Willst du mit mir gehen?

Liebes Universum,

lieber Lebenspartner, willst du mit mir gehen durch Höhen und Tiefen, durch Engen und Weiten, durch alles, was da ist, so sage JA. Es handelt sich um eine Lebensentscheidung. Noch wendest du dich ab, wenn es grauer, schmerzender, gruseliger wird für dich. Noch gehst du fort, wenn Wolken auftauchen und Blitze dich erschrecken. Noch bist du wütend und sagst, du musst gehen, weil ich die Wolken bringe und die Blitze und weil ich laut wäre wie der Donner, du hättest keine andere

Wahl... Noch bist du nur interessiert an einer Partnerschaft mit mir, wenn die Sonne scheint, ich aber weiß und daran erinnere ich mich jetzt, habe eine andere Vorstellung von Partnerschaft und an diese möchte ich wieder glauben. Ich mag den Begriff *Vorstellung* nicht, aber der Begriff ist eher zweitrangig, es geht mehr um ein Gefühl.

Betreff: Durch Regen und Sturm und jeden Sonnenschein

Liebes Universum,

es geht nicht darum, dass du mich rettest, irgendwelche Löcher stopfst oder gar meine Idealvorstellung einer Beziehung erfüllst. Aber ich bin ein Mensch auf dieser Erde und auch ich glaube an bestimmte Werte und Normen. Hier auf Erden, wo ich nicht nur Seele, sondern auch Mensch bin, wo ich lerne, wieder *Form* anzunehmen (ich als jemand, der die Formlosigkeit seine wahre Natur nennt, weil er in jedem Augenblick NEU ist), halte etwas für wichtig und essentiell für jede Art von inniger Beziehung und da ist es gleich, ob es sich um eine partnerschaftliche oder eine freundschaftliche Beziehung handelt. Für mich gibt es keine Freundschaft und keine Partnerschaft, in der nicht beides existieren darf: Sonne und Regen. Ich bin nicht bereit, meinen Weg mit Menschen zu gehen, die sich entscheiden, mich im Regen *stehen zu lassen* und die nur zu mir kommen, wenn die Sonne scheint und die richtige Temperatur erzeugt. Mal wird sie Sonne genau richtig sein, mal zu heiß, mal wird es zu kühl sein, mal wird es stürmen, mal regnen und mal hageln... Du sagst, du hältst Intensität nicht aus... Worte... Ich halte Oberflächlichkeit nicht aus... Schweigen. Und doch gehört alles dazu. Mal ganz abgesehen davon, dass ich heute Abend tatsächlich nicht intensiv war. Ich war müde, kränkelig, verwirrt, schlafwanderig und absolut erschöpft, ein wenig orientierungslos für einen kurzen Moment...Intensität sprach aus deinem Mund, du kamst zu mir, sahst mich an und fühltest dich unglaublich intensiv an. Ich liebe deine Intensität, aber ich war müde und habe mich erschrocken. *Oh, da will jemand was von mir*, dachte mein halb schlafender Kopf. Mein Körper schlief noch und war nur höchstens 5 Prozent wach. Alles, was aus meinem Mund purzelte, war im Fast- bzw. Noch-Schlaf. Du hattest kein waches Gegenüber. Das passiert selten, aber auch bei mir kann das vorkommen. Du fühltest dich *unheimlich* intensiv an, voller Träume und

Wünsche und Sehnsüchte und Begierden... Es war ehrlich, es war auch ehrlich, das leugne ich wirklich nicht, mein Herz konnte es spüren und wahrnehmen, aber mein Mund war einfach zu müde, um adäquat auf *deine Intensität* zu reagieren, mein Körper zu erschöpft, um bewusst und wach in einen letzten persönlichen und innigen Austausch mit dir zu gehen, bevor die zweite Phase der Nacht anbricht. Ich habe dich sehr geliebt in diesem Moment, aber ich war verwirrt, nicht intensiv verwirrt, müde verwirrt, schlafwandrig verwirrt, intensiv wurde es erst, als ich Angst bekam und die kam erst, als ich spürte, dass da jemand etwas von mir will, dass ich ihm gerade nicht geben kann...

Ich liebe dich, Charly und Leonie. Du bist groß. Jetzt, wo du wieder eins bist. Zusammen seid ihr LEA.

Betreff: Ich sehne mich nach dir

Liebes Universum,

ich sehne mich nach dir, hast du gesagt. Ich sehne mich auch nach dir. Du fehlst mir. Gerade jetzt, aber vor allem in den letzten Tagen und Wochen. Unser Leben ist so wunderschön und perfekt, doch je schöner unser Leben wird, umso mehr verschwindest *DU*, wer auch immer *DU* bist. Da verschwindet jemand, da verschwinden welche, nur leider sind es genau die Anteile, die *beziehungsfähig wären*, die beziehungsfähig sind, die **GESUNDEN**

ANTEILE. Warum gehen sie weg, wenn es *gut* ist? Ist es wirklich gut? Ja. Es ist gut. Aber ohne sie wird aus einem *gut* schnell ein Oh mein Gott.

Betreff: Dieses Buch hält mich am Leben

Liebes Universum,

ich bin so erschöpft, aber dieses Buch hält mich am Leben und es schenkt mir Kraft und es ist endlich mal wieder *mehr als eine Flucht*. Ja, das Buch rettet mich, aber es heilt mich auch. Es gibt mir und der Welt (und vielleicht auch dir) etwas Großartiges, auch wenn es alles Andere als leichte Kost ist. Ich mache mir Sorgen, dass du die Wahrheit dieser Worte hier *nicht gut NEHMEN* kannst.

Denn es wäre wichtig. Nicht nur für dich, oder für mich, sondern vor allem für uns.

Betreff: Muss das alles so anstrengend sein?

Liebes Universum,

ich bin so erschöpft und frage mich, wieso ich nicht heute Nacht einfach schlafen konnte. Ich hätte mich danach gesehnt, ich sehne mich immer noch nach Schlaf. Ja, du Herzensguter, ich wollte nichts *von dir*, ich wollte was *vom Bett*. Ich sehnte mich nämlich nach Schlaf. Ich hatte überhaupt keine Angst vor deiner Müdigkeit und schon gar nicht wollte ich über irgendetwas reden. Ich wollte nur nett sein, als du an mich herangerutscht bist und sagtest: "Ich sehne mich nach dir... Ich wünsche dir... 23..."

Du hast von einer Zahl gesprochen und ich habe nichts verstanden. Ich war absolut verwirrt und so so müde. Aber gleichzeitig hätte ich auch so so gerne deine Liebe, dein Sehnen, deine Wünsche empfangen, sogar was es mit der Zahl 23 auf sich hat, hätte ich gerne erfahren, aber ich konnte nicht mehr. Nicht wegen dir, nicht wegen mir, einfach nur, weil mein Körper sich Ruhe und Erholung gewünscht hat und ich versucht habe, ihm diese zu geben. Noch bevor ich das erste Mal ins Bett ging an diesem Abend, war ich so erschöpft, dass keine Kraft übrig blieb für Worte. Ich wollte nur noch ins Bett, aber dann war da dieses Kind in einer Hütte, in einer extra für mich gebauten Kammer, ein Kind wie ein Ebenbild meiner Selbst und ich versuchte in das Gefühl der Leichtigkeit zu gehen und mich vom Kind zu verabschieden. Ich ging zur Hütte und sagte dem Mädchen, das mir gleicht und dass doch so *anders* ist als ich, dass ich nun schlafen gehen würde. Kurz überlegte ich auch, auf dem Balkon den anderen Herrschaften Bescheid zu sagen, aber mein Körper führte bereits ein Eigenleben und forderte Ruhe ein, nicht erst gleich, sondern sofort. Also legte ich mich auf deine Bettseite und genoss deine Energie. Als du kurze Zeit später kamst, um nach mir zu sehen, freute ich mich, also hatte es sich doch gelohnt, meine Augen noch wenige

Minuten aufzubehalten. Als du dann jedoch gingst, rutschte ich auf meine Bettseite und verfiel in ein Delirium bzw. in einen fast sofortigen Schlaf. Doch plötzlich war da Licht und eine Gestalt, plötzlich war da nur noch Licht, schlafwandelnd stand ich auf, torkelte wie eine Betrunkende und Schlaftrunkende daher, suchte die Person, die zum Lichtschalter gehörte, fand niemanden, oh doch, jemand ruft mich, alles ist gut, zurück ins Bett, schlafen. Hö? Da sehnt sich jemand? Da will jemand Etwas? Was für eine Intensität...Was ist das für ein Geruch... Alkohol, wieviel hat er getrunken. Es riecht doll. Die Stimme klingt so seltsam. Ich bin so müde. Ich bekomme Angst.

Morgen ist alles WIEDER GUT, ich verspreche es dir!

Betreff: Und jetzt bin ich HIER

Liebes Universum,

und jetzt bin ich hier und weiß gar nicht, wie ich hierher gekommen bin. Wie lange ich noch durchhalten muss, bis ich *hier durch bin*. Durch diesen Prozess. Hoffentlich dauert es nicht lange. Ich bin bereit. Aber so so müde. So so erschöpft. *Hoffentlich kann er meine Worte nehmen*, denke ich. *Hoffentlich geht es ihm gut. Hoffentlich ist morgen alles wieder gut.*

Betreff: ICH LIEBE DICH, sagst du

"Ich liebe dich ", sagst du und küsst meine Stirn. "Sowas kommt nie wieder vor. Versprochen."

Ich habe Tränen in den Augen. Den ersten Satz höre ich tatsächlich, aber den Zweiten? Er könnte wahr sein, es könnte sich aber auch um Wunschdenken handeln. Oder.. der Satz drückt etwas aus, an das ich anfangen darf zu glauben... Darf ich lernen, wieder zu vertrauen?

 "Bitte hilf mir, nicht wieder in der Hölle zu landen und weiterhin an einen Himmel auf

Erden zu glauben", habe ich dich letztens gebeten. Mit Tränen in den Augen erinnere ich mich daran und wiederhole diese Bitte.
Bitte hilf mir dabei.
Bitte helft mir alle dabei.
Oma. Opa. Mama. All meine Ahnen und geistigen Helfer. Meine Engelsfreunde. Bitte helft mir an den Himmel auf Erden zu glauben, auch wenn mich Dinge so sehr erschrecken, dass sie mich gefühlt innerhalb von Sekunden in eine Art Hölle katapultieren. Bitte helft mir. Ich helfe mir und anderen Menschen auch. Weil ich ein Engel bin. Ein Engel mit lauschenden Ohren und lauschendem Herzen. Aber ich bin auch ein Mensch und als Mensch brauche ich gerade Hilfe. Meine Kraftreserven sind beinahe aufgebraucht, ich bin müde und

erschöpft, auch wenn ich natürlich keine Sekunde in diesem Buch bereue. Die Zeit in diesem Buch ist ein Geschenk Gottes und wahrscheinlich schon die Hilfe, um die ich gerade bitte. Dieses Buch lässt mich glauben und hoffen und leben und lieben.

Betreff: Bitte hilf mir KONKRET

Liebes Universum,

die Bitte von gerade ist konkreterer Natur. Sie sagt sowas wie: "Ich bin müde und schenk mir morgen einen ruhigen und erholsamen und liebevollen Tag." Sie sagt sowas wie: "Lass die Menschen nett zu mir und zu sich selbst sein". Sie sagt aber auch, wie schon in einem anderen Buch der Autorin: "Bitte lass den Groll enden, in mir und in allen anderen Menschen."

Was sie aber vor allem sagt: "Das Buch *hier* tut mir gut, aber für mein Nervensystem ist es ein Ausnahmezustand. Ich wünsche mir, dass es morgen die Liebe, Ruhe und Erholung bekommt, die es verdient hat, die ihm zusteht. Mein Körper hat verdient, dass für ihn gesorgt wird. Liebevoll. Achtsam. Harmonisch. Immerhin schenkt er mir in diesem Leben ein Zuhause.

Betreff: Wir müssen uns vertragen

Liebes Universum,

wir müssen uns vertragen, sagt ein Anteil in mir eine sich ewig wiederholende Litanei auf. Es ist ein Herzenswunsch, *dieses sich Vertragen*.
In den Büchern der Autorin Sandra Mularczyk geht es viel um dieses *Vertragen*, beinahe könnte man schon meinen, es hat mit ihrer Lebensaufgabe zu tun. Hat sie nicht erst heute mit jemanden über das Interesse an

dem Fachgebiet "Mediation" gesprochen? Das geht es doch auch uns Vertragen, auch wenn es auf der Bewusstseinsstufe von Mediation natürlich andere, passendere Begrifflichkeiten geben wird. Das mit dem *vertragen* ist ja etwas Kindliches.

Ach ja, natürlich könnte bei einem so höchstsensiblen, aber auch traumatisierten Menschen, von "Harmonie-Sucht" die Rede sein, aber darum geht es der Autorin glaub ich nicht, so gut kenne ich sie mittlerweile schon. Es geht um was Wahreres und Echteres als um eine Friede-Freude-Eierkuchen-Welt. Es geht um **Respekt** und **Liebe.**

Betreff: Respekt und Liebe

Liebes Universum,

früher dachte ich, es geht *nur* um **Liebe**. Heute weiß ich: Es geht um Respekt und Liebe und diese fordere ich auch ab sofort ein: Vom Leben, von mir, von anderen Menschen. Ohne Respekt geht gar nichts. Respekt bedeutet sowas wie "Ich achte dich. Ich nehme dich ernst. Ich respektiere dein So sein, deine Fähigkeiten und Begrenzungen." Respekt bedeutet auch, das Leben respektieren und die Regeln und Gesetzmäßigkeiten, die dort herrschen, darauf zu vertrauen, dass alles *seinen Sinn*

hat. Respekt darf nicht verwechselt werden mit blindem Gehorsam, ich glaube bzw. habe den Verdacht, dass Menschen sehr Unterschiedliches unter diesem Wort verstehen und dass nicht alle Respekt-Definitionen positiv und konstruktiv klingen, dafür würde ich beide Hände ins Feuer legen. (Vorsicht, das ist eine Metapher. Aus Respekt vor meinem Körper und meiner körperlichen Unversehrtheit, werde ich meine Hände natürlich in kein Feuer halten)
Ich aber halte Respekt für etwas Wahres. Etwas Essentielles und Wichtigses. So wie es wichtig ist, das Leben nicht zu ernst zu nehmen und über all das, was uns oder anderen widerfährt, lachen zu können, ist es ebenso wichtig, das Leben und die

Mitmenschen *doch ernst zu nehmen*. Ohne ernst nehmen funktioniert es nicht. Weder bei mir noch bei anderen Menschen.

Betreff: Darf ich endlich schlafen?

Liebes Universum,

endet das Buch gleich? Darf ich dann endlich schlafen? (Jetzt kommt erst einmal der Klappentext)

So, Klappentext fertig. Ich bin übrigens Charly. Ich bin taff, forsch und absolut cool. Ich trage immer Capy und Sonnenbrille und natürlich coole und lässige Kleidung. Bequem muss es sein und trotzdem stylisch aussehen. Ich bin jemand, der Dinge gerne schnell zu Ende macht, ja, ich klatsche gerne schnell etwas hin, das werde ich mit diesem Buch auch tun. Es geht mir einfach besser, wenn Dinge erledigt sind. Meine Zwillingsschwester Leonie ist da anders. Sie ist ruhiger, verträumter, aber auch perfektionistischer. Sie würde niemals *irgendwas hinklatschen*. Das ist übrigens eine Metapher, würde Leonie gerne sagen, da sie immer alles erklärt und möglichst alle Missverständnisse von Vorne herein aus dem Weg räumt. Ich bin da anders. Sind doch die Anderen verantwortlich für das, was sie verstehen oder nicht verstehen. Ja, ich kann mich besser abgrenzen. Auch wenn manch einer meinen könnte, mir geht das alles "am Arsch vorbei", Gleichgültigkeit ist nicht meine

Stärke. Auch wenn ich so taff und forsch wirke und teilweise auch tatsächlich bin, so bin ich ein tiefgründiger und nachdenklicher und vor allem interessierter Mensch. Das haben Leonie und ich gemeinsam, aber ich lasse Leonie Mal eben selbst zu Wort kommen. Sie scheint da einen Herzenswunsch zu haben, den ich ihr erfüllen möchte, bzw. den sie äußern können sollte, bevor ich "mal eben" diesen Roman hier veröffentliche. Habt ihr eigentlich schon je einen Roman gelesen, wo eine der Hauptprotagonistinen das Buch veröffentlicht? Nein?! Dann willkommen. In diesem Buch schreiben sogar die Hauptprotagonisten das Buch. Wer sollte es auch sonst schreiben? Ich bin Charly und schreibe dem Universum, Leonie ist meine

Zwillingsschwester und schreibt ebenfalls dem Universum und zusammen schreiben wir ebenso dem Universum. Zusammen, also als Einheit, heißen wir übrigens Lea und sind cool und romantisch zugleich. So, Leonie, mein Schätzchen, jetzt bist du an der Reihe.

Betreff: Hallo, ich bin LEONIE

Liebes Universum,

Charly hat gesagt, ich muss mich nicht bei euch vorstellen. Das sei überflüssig. Ich verspüre diesen Drang schon, aber ich versuche meiner Schwester zu vertrauen. Sie ist sehr schlau. Ich hingegen sei klug, sagt sie immer. Der Unterschied ist mir noch nicht ganz klar. Ich persönlich würde mich weder als klug noch als schlau bezeichnen, eher als verspielt und liebevoll. Na, jetzt habt ihr ja doch eine kleine Vorstellung, würde Charly jetzt sagen und über die kleine Vorstellungsrunde lachen. Nehmt das bitte nicht persönlich. Charly lacht oft und viel, aber sie ist kein böser Mensch. Ganz im Gegenteil. Charly ist der netteste Mensch auf Erden und das sage ich nicht nur, weil sie meine Zwillingsschwester ist und ich sie von ganzem Herzen liebe. Sie ist wirklich sehr nett, auch wenn sie so frech und obermachohaft wirkt. Ich mag Charly und ich bin froh, dass sie auch anfängt, mich wieder zu mögen. Ganz lange war sie sehr grollig auf mich und meinen Perfektionismus. "Wenn du alles besser kannst...", hat sie gesagt. "Dann leb dein Leben doch alleine. Ohne mich bist du eh viel besser dran. Ich reite dich immer nur in Bullshit rein und verkrakle deine schönen

und ach so perfekten Zeichnungen..."
Charly war nicht neidisch auf mich, sie war wirklich wütend. Ich weiß bis heute nicht so genau warum. Sie hat mir sehr gefehlt. Jetzt ist sie wieder da. Was für ein Glück. Ohne sie kam ich echt gar nicht zurecht. Ich bin das sensibelste Wesen auf Erden und echt nicht für dieses Leben gemacht. Perfektion hin oder her. Ich liebe dich, Charly, *echt jetzt*. Dieses *ECHT JETZT* habe ich mir von Charly angeeignet, in so einem Tonfall spreche ich normalerweise nicht. "Ey, leg mal los!", sagt Charly und knufft mich in die Seite. "Nicht böse gemeint, aber ich will fertig werden". Ich seufze und erinnere mich an meinen Herzenswunsch. *Deswegen* hat Charly mir **erlaubt**, noch etwas zu schreiben. Keine

Sorge, Charly beherrscht mich nicht oder sowas, aber sie sorgt gut für unsere Körper und das leibliche Wohl und sowas. Ich bin die verträumte Perfektionistin, die sich in allem verliert und die vor allem Zeit und Raum vergisst... Charly hingegen ist eine Spur materieller, konkreter. Sie ist tatsächlich die Vernünftigere von uns beiden, wenn es um Selbstversorgung und Alltagshygiene geht. Sie kann einfach mehr in Balance sein, alle Lebensbereiche beachten statt sich wie ich in einer einzelnen Welt zu verlieren, ich verliere mich z.B oft in Buchwelten und Charly muss dann dafür sorgen, dass ich als Mensch auch überlebe und vor lauter Fantasie und Kreativität das Atmen nicht vergesse. Übrigens, sobald der Text flapsiger klingt, schreiben wir beide gemeinsam und dann nennen wir uns **LEA**. Das ist jetzt gerade der Fall. Erst wollte Charly mich in Ruhe selbst schreiben lassen, als sie aber merkte, dass ich wie immer nicht aufhöre, gesellte sie sich dazu. Ich rechne ihr das hoch an, dass sie dann das Zepter nicht mehr an sich reißt, sondern mich weiter schreiben lässt. Sie ist halt nur dabei und versucht irgendwie den Raum zu halten, hier und da springt sie mal in meine Worte hinein, aber insgesamt gibt sie mir viel Raum..

Das Universum wird antworten- in den schönsten aller Farben

Betreff: Du hattest doch jahrelang den Raum GANZ FÜR DICH ALLEINE

Liebe Leonie,

ich mag dich echt gern, Schwesterherz, aber was soll dein blödes Gelabber? Ja, jetzt schreibe ich nicht mehr dem Universum, wie wir es eigentlich für diesen Roman vereinbart hatten, sondern ich schreine dir. Warum packst du immer und überall unsere höchst persönliche Beziehungsgeschichte hinein? Ey, bitte, noch nie etwas von Privatsphäre gehört? Können wir bitte unsere

Schwesternangelegenheiten in einem privaten und persönlichen Setting klären?! Aber nein, du hast ja Mutismus und reden fällt dir schwerer als schreiben. Dann texten wir eben, meine Güte, aber hier und jetzt wollten wir einen Roman verfassen. **MIT BRIEFEN ANS UNIVERSUM.** Du dumme Kuh, keine Sorge, ich werde jetzt nicht aggro, müde bin ich auch nicht mehr ganz so stark, ich liebe dich auch (und ich finde es schön, wieder bei dir zu sein), aber das tut hier nichts zur Sache.

Betreff: Ich hatte keinen Raum..

Liebe Charly,

das stimmt nicht. Ich hatte keinen Raum. Ohne dich bin ich absolut handlungsunfähig und das weißt du. Ich bin durch die Welt gelaufen wie ein begossener Pudel, wie ein Dementer, der nicht einmal mehr seinen eigenen Namen weiß, geschweige denn wo sein Zuhause ist und wie er dort hinkommt. Hey, du weißt doch, dass wir uns perfekt ergänzen und dass die Eine ohne die Andere nicht kann. Was glaubst du, warum ich so krank geworden bin? Weil es ohne dich nicht geht.

Weil ich dich brauche. Auch wenn das für dich anstrengend und nervig ist. Ich habe große Angst, dass wir uns jetzt wieder streiten und "in die Haare" kriegen. Ich wollte nicht so abdriften. Es tut mir Leid. "Schon okay", sagst du und lächelst mich an. Milde. Voller Herzensgüte. Mir wird ganz warm ums Herz. "Meine Charly!", sage ich. Weil du mit meiner Sentimentalität aber gerade nichts anfangen kannst, stöhnst du auf und bittest mich darum, meinen Herzenswunsch zu formulieren. "Versuche ich doch die ganze Zeit", versuche ich verzweifelt zu sagen, doch du unterbrichst mich. "Ich helfe dir, Schwesterherz", sagst du. "Beim Fokus halten und so". Ich lächle. "Danke".
"Also LOS!"

Betreff: Leonies Herzenswunsch

Liebes Universum,

"Meine Schwester möchte..."
"Nein!", sagt Charly und zwickt ihrer Schwester liebevoll in den Arm. "**DEIN Herzenswunsch.**"
"Achso!", sagt Leonie und klingt ganz bedröppelt.
Also, liebes Universum, ich kenne da einen Menschen, der ähnlich verträumt, sensibel und vor allem kreativ ist wie ich. Ich wünsche mir,

dass dieser Mensch sich Mal mit uns zusammensetzt, also mit mir(Leonie) und mit meiner Zwillingsschwester Charly. Auch Lea, also uns beide als Einheit, soll diese Person kennenlernen. Vielleicht kann sie uns ja zeichnen und wir dürfen dann als sichtbare Wesen in diesem Buch existieren. "Ich habe uns schon mal gemalt", erklärt Leonie. "Während der Ausbildung. Also grob skizziert, aber vielleicht kann Luisa uns ja noch realistischer zum Leben erwecken... Also nicht, dass es uns nicht schon gäbe... Irgendwie...Äh..."
Wie sooft ist Leonie kurz davor wieder den Faden zu verlieren. ("Du musst jetzt nicht den Scherz bringen, Leonie, welche Farbe der Faden überhaupt hatte, du lenkst dich nur

unnötig ab mit diesen Gedankengängen...")
Leonie guckt erschrocken. "Nein, ich werde dich nicht mehr so fies behandeln und so tun, als seist du Schuld an allem", verspricht Charly. "Ich respektiere dich, Schwester, auch wenn du anders bist als ich und ich vieles von dem, was du tust oder nicht tust, nicht verstehe. Ich liebe dich und werde nett zu dir sein. Ich habe dich auch vermisst."
Eine Träne kullert aus Charlies Auge. Trotz der Sonnenbrile, findet sie einen Weg hindurch, bis hin zur Wange, bis sie schließlich-PLATSCH- auf den Boden tropft und mit dieser Träne endet dieser Roman.
Es ist eine Träne der Liebe.
Der aufrichtigen Reue.
Der Vergebung und der Wahrhaftigkeit.

Die Träne drückt all das aus, was mit Worten nicht gesagt werden kann. Zumindest kann Charly das nicht. Denn Charly ist nicht die Frau der Worte, sie ist die Frau der Taten. Mit Worten kann sie nur flirten, Sprüche klopfen, ärgern, necken, frech sein. *Aber Leonie, die kann mit Worten zaubern* und dafür bekommt sie den vollsten Respekt.
"Hochachtung, Schwester!", sagt Charly mit ernster Stimme. Also endet dieses Buch doch nicht *nur mit der Träne,* sondern auch mit Worten.
"Es tut mir Leid, Leonie!", fügt Charly hinzu und damit endet das Buch mit den

wertvollsten Worten, die man Leonie
schenken kann. Indem man ihre Sensibilität
achtet, ihre Zerbrechlichkeit, ja, sie ist eine
wunderschöne, aber zarte Blume, die *leicht
kaputt gehen und ihren Lebensmut verlieren*
kann. Wenn man Leonie diesen Respekt zollt,
wenn man ihr auf Augenhöhe begegnet, wenn
man sie liebt so wie sie ist und wenn man
sich bei ihr entschuldigt, wenn man ihr
unrecht tut, dann... ja, dann fehlen sogar ihr
die Worte. Sie traut sich dann bei Weitem
noch lange nicht, als zartes Blümchen den
Kopf wieder zu heben, geschweige denn traut
sie sich dann mal eben wieder das Reden zu,
damit die vielen schönen Glitzersteine aus
ihrem Mund purzeln können...
"Ich bin wirklich mutistisch", sagt Leonie leise

und mit hauchzarter Stimme. "Vor allem, wenn du nicht bei mir bist und auf mich aufpasst."
"Ich glaube dir!", sagt Charly und macht ausnahmsweise Mal keinen *ihrer dummen Scherze*. Sie klingt ernst, ehrlich und sogar ein kleines bisschen liebevoll, eine Nuance, die nur selten in ihrer Stimme zu hören ist. "Und ich weiß, wie schwer es dir fällt, zu sprechen und...und... und wie schwer es dir fällt, hier auf dieser Erde zu bleiben. Ich möchte dir dabei helfen, dass es hier ein schöner Ort für dich werden kann... Wo dir nichts passiert und so..."
Und dann weinen beide, also endet dieser Roman nicht mit Charlies Träne, sondern mit Dutzenden von Tränen, die sich miteinander vermischen und eins werden.

Betreff: Jetzt, wo meine Schwester wieder bei mir ist

Liebes Universum,

"Ich heiße Lea!", sagt ein Mädchen, etwa im Alter von 17 Jahren. "Eigentlich heiße ich Leonie, aber ich..." Sie weint fürchterlich. "Ich hatte einmal eine Zwillingsschwester, aber als sie fortging, für immer fortging, konnte und wollte ich nicht mehr leben. Ich bin ohne Charly nicht lebensfähig, dachte ich immer und wollte mich in Luft auflösen..."

"Hey, **ICH BIN DA!**", sagt Charly. "Ich bin bei dir und ich bleibe bei dir. Für immer..."

The End

Auszug aus dem Roman:
"Das von Gott verlassene Kind"

Betreff: Bestimmt bist du bei mir

Lieber Gott,

vielleicht werde ich dir wieder vertrauen können, wenn die Sonne aufgeht, aber jetzt kommt erst einmal der Regen. Vielleicht wird er mich reinigen, vielleicht wird er all den Dreck aus meiner Seele und meinem Herzen spülen, vielleicht, vielleicht auch nicht. Aber er ist da: Der Regen. Genau jetzt und sagtest du nicht, genau dort, wo ich JETZT bin, bist auch du? Bist du der Regen, Gott? Bist du die Traurigkeit, die auf mich herab nieselt? Bist du vielleicht nicht nur die Sonne, die aufgeht, sondern auch der Regen, der vom Himmel fällt? Bist du es, Gott? Ich schmecke eine Träne in meinem Mund, dann einen Regentropfen und dann lächle ich: Bestimmt bist du es. Bestimmt bist du bei mir.